BEI GRIN MACHT SICH IHR WISSEN BEZAHLT

AF150228

- Wir veröffentlichen Ihre Hausarbeit,
  Bachelor- und Masterarbeit

- Ihr eigenes eBook und Buch -
  weltweit in allen wichtigen Shops

- Verdienen Sie an jedem Verkauf

Jetzt bei www.GRIN.com hochladen und kostenlos publizieren

Markus Scholze

Umweltkriminalität: Standardsetzung im Umweltvölkerrecht

GRIN Verlag

Bibliografische Information der Deutschen Nationalbibliothek:

Die Deutsche Bibliothek verzeichnet diese Publikation in der Deutschen National-
bibliografie; detaillierte bibliografische Daten sind im Internet über http://dnb.d-
nb.de/ abrufbar.

Dieses Werk sowie alle darin enthaltenen einzelnen Beiträge und Abbildungen
sind urheberrechtlich geschützt. Jede Verwertung, die nicht ausdrücklich vom
Urheberrechtsschutz zugelassen ist, bedarf der vorherigen Zustimmung des Verla-
ges. Das gilt insbesondere für Vervielfältigungen, Bearbeitungen, Übersetzungen,
Mikroverfilmungen, Auswertungen durch Datenbanken und für die Einspeicherung
und Verarbeitung in elektronische Systeme. Alle Rechte, auch die des auszugsweisen
Nachdrucks, der fotomechanischen Wiedergabe (einschließlich Mikrokopie) sowie
der Auswertung durch Datenbanken oder ähnliche Einrichtungen, vorbehalten.

Impressum:

Copyright © 2011 GRIN Verlag GmbH
Druck und Bindung: Books on Demand GmbH, Norderstedt Germany
ISBN: 978-3-656-44337-7

Dieses Buch bei GRIN:

http://www.grin.com/de/e-book/215680/umweltkriminalitaet-standardsetzung-im-
umweltvoelkerrecht

GRIN - Your knowledge has value

Der GRIN Verlag publiziert seit 1998 wissenschaftliche Arbeiten von Studenten, Hochschullehrern und anderen Akademikern als eBook und gedrucktes Buch. Die Verlagswebsite www.grin.com ist die ideale Plattform zur Veröffentlichung von Hausarbeiten, Abschlussarbeiten, wissenschaftlichen Aufsätzen, Dissertationen und Fachbüchern.

Besuchen Sie uns im Internet:

http://www.grin.com/

http://www.facebook.com/grincom

http://www.twitter.com/grin_com

Referat

im Rahmen der Lehrveranstaltung

Standardsetzung im Umweltvölkerrecht

Wintersemester 2011

Umweltkriminalität

Markus Scholze, Bakk.rer.soc.oec.

LV: Standardsetzung im Umweltvölkerrecht

Institut für Völkerrecht & internationale Beziehungen

Karl-Franzens Universität Graz

Hallersdorf, 22.11.2011

Inhaltsverzeichnis

Einleitung

Nach dem Giftunfall bei Sandoz im Herbst 1986 war das Thema Umweltkriminalität in aller Munde. Ein eklatantes Vollzugsdefizit im Umweltstrafrecht in Deutschland wurde wortreich beklagt und belegt. Das Motto damals: Die Großen lässt man laufen. Abhilfe wurde rasch versprochen, danach ebenso rasch vergessen.[1]

1. Definition – Umweltkriminalität

Von Umweltkriminalität spricht man, wenn ein rechtsverletzender Tatbestand vorliegt, der gegen Umweltschutznormen verstößt. Umweltkriminalität wird durch die internationalen Akteure wie das Umweltprogramm der Vereinten Nationen, Europäische Union, Interpol, G8 folgendermaßen definiert:

1) Illegaler Handel mit bedrohten Pflanzen- und Tierarten, der gegen das Washingtoner Artenschutzübereinkommen von 1973 verstößt

2) Illegaler Handel und Transport von Substanzen welche die Ozonschicht abbauen, was gegen das Montrealer Protokoll von 1987 verstößt

3) Abladen bzw. deponieren und transportieren von gefährlichen Abfällen, was gegen das Basler Übereinkommen von 1989 verstößt

4) Illegales, unreguliertes und nicht protokolliertes Fischen, das gegen Fischereiabkommen und andere Kontrollen verstößt, die regionale Fischereiorganisationen zur Regulierung auferlegt haben.

5) Illegales abholzen und handeln mit gestohlenem Naturholz, was gegen nationale Gesetze verstößt.[2]

2. Ein Bericht von Greenpeace

Greenpeace veröffentlicht im greenpeace magazin 4.09 unter dem Titel: „Paradies für Umweltgangster" folgendes:

In Deutschland kommen Sünder meist ungeschoren oder mit Bewährung davon. Die Dunkelziffer bei Umweltverbrechen ist hoch. Die Täter sind schwer zu überführen. Ermittlungen zu Umweltdelikten werden in Deutschland im Vergleich zu anderen Strafverfahren überdurchschnittlich häufig eingestellt. Kommt es doch zum Prozess, verhängen die Gerichte in der Regel nur Geldbußen: Im Jahr 2006 mussten 1811 von 1873

---

[1] http://www.zeit.de/1988/17/krimninell 22.04.1988 - 08:00 Uhr, Quelle: DIE ZEIT, 22.4.1988 Nr. 17
[2] http://www.unodc.org/documents/NGO/EIA_Ecocrime_report_0908_final_draft_low.pdf, Environmental crime, A threat to our future: Environmental Investigation Agency (EIA)

Verurteilten eine Geldstrafe zahlen, lediglich 49 wurden zu einer Freiheitsstrafe verurteilt. Die Hälfte der Bußen lag unter 31 Tagessätzen, fast alle unter 91. Erst ab dieser Anzahl taucht eine Strafe im polizeilichen Führungszeugnis auf.[3]

3. Agenda 21

In der Agenda 21 wird in Kapitel 19 und 20 folgendes auszugsweise zur Umweltkriminalität gesagt:

Kapitel 19

Umweltverträglicher Umgang mit toxischen Chemikalien einschließlich Maßnahmen zur Verhinderung des illegalen internationalen Handels mit toxischen und gefährlichen Produkten.

19.3 Zur Zeit beschäftigen sich eine ganze Reihe internationaler Gremien mit Fragen der Chemikaliensicherheit. Es werden 6 Programmbereiche vorgeschlagen wobei ich den 6. Punkt hervorheben möchte:

Maßnahmen zur Verhinderung des illegalen internationalen Handels mit toxischen und gefährlichen Produkten.

Zur Zeit gibt es keine weltweit gültige internationale Vereinbarung zur Regelung des Handels mit toxischen und gefährlichen Produkten. Weltweit wird jedoch mit wachsender Besorgnis auf die vom illegalen internationalen Handel mit diesen Produkten ausgehende Gefährdung für Gesundheit und Umwelt, insbesondere in den Entwicklungsländern, hingewiesen, was auch in den von der Generalversammlung der Vereinten Nationen verabschiedeten Resolutionen 42/183 und 44/226 bestätigt wurde. Mit "illegalem Handel" sind hier Aktivitäten gemeint, die gegen einzelstaatliche Gesetze oder einschlägige internationale Rechtsnormen verstoßen. Besorgnis besteht des Weiteren auch darüber, dass bei der grenzüberschreitenden Verbringung solcher Produkte häufig die einschlägigen, international gültigen Richtlinien und Grundsätze missachtet werden. Die im Rahmen des vorliegenden Programmbereichs ins Auge gefassten Maßnahmen zielen in erster Linie auf die verbesserte Aufdeckung und wirksame Verhinderung solcher Praktiken ab.

Kapitel 20:

Umweltverträgliche Entsorgung gefährlicher Abfälle einschließlich der Verhinderung von illegalen internationalen Verbringungen solcher Abfälle.

Die Unterbindung der illegalen internationalen Verbringung von gefährlichen Abfällen dient dem Wohle der Umwelt und der Gesundheit in allen Ländern, insbesondere aber in den

---

[3] greenpeace magazin 4.09: http://www.greenpeace-magazin.de/index.php?id=5787

Entwicklungsländern. Darüber hinaus ergibt sich damit die Möglichkeit, die Wirksamkeit des Baseler Übereinkommens und auf regionaler Ebene geschlossener internationaler Instrumente wie etwa des Bamako-Übereinkommens und des Lomé IV-Übereinkommens durch vermehrte Einhaltung der in diesen Übereinkommen festgelegten Kontrollen zu erhöhen. Artikel IX des Baseler Übereinkommens befaßt sich insbesondere mit der Frage des illegalen Transports gefährlicher Abfälle. Solche illegalen Transporte können enorme Gefahren für die Gesundheit und die Umwelt mit sich bringen und den Empfängerländern eine besondere und außergewöhnliche Belastung aufbürden.[4]

4. Basler Übereinkommen

Im Basler Übereinkommen (1989) wird im Art.4 folgendes zur Bestrafung von Umweltkriminalität gesagt:

Art.4 (3)

„Die Vertragsparteien sind der Auffassung, dass der unerlaubte Verkehr mit gefährlichen Abfällen oder anderen Abfällen eine Straftat darstellt.

Art.4 (4)

Jede Vertragspartei trifft geeignete rechtliche, verwaltungsmäßige und sonstige Maßnahmen, um dieses Übereinkommen durchzuführen und ihm Geltung zu verschaffen, einschließlich Maßnahmen zur Verhinderung und Bestrafung übereinkommenswidriger Verhaltensweisen."[5]

5. Die Reaktion der Europäischen Union auf die internationale Umweltkriminalität

Laut eines Berichts der US-amerikanischen Regierung „International Crime Threat Assessment", veröffentlicht im Dezember 2000, ist die Umweltkriminalität der rentabelste und am schnellsten wachsende Bereich der internationalen Kriminalität. Die US-Regierung vermutet, dass nationale und internationale Verbrechersyndikate durch die Deponierung vergifteter Abfälle, den Schmuggel verbotener, gefährlicher Stoffe sowie mit der Ausbeutung und dem Handel mit Bodenschätzen jährlich zwischen $ 22-31 Mrd. Dollar weltweit verdienen.

---

[4] Agenda 21, Konferenz der Vereinten Nationen für Umwelt und Entwicklung im Juni 1992 in Rio de Janeiro. Herausgeber: Bundesministerium für Umwelt, Naturschutz und Reaktorsicherheit, Postfach 12 06 29, 53048 Bonn, Köllen Druck+Verlag GmbH, Postfach18 65, 53008 Bonn

[5] Randelzhofer, Albrecht; Völkerrechtliche Verträge. Deutscher Taschenbuch Verlag, München, 2009.

1998 hat der Europarat einen Konvent zum Schutz der Umwelt durch das Strafrecht einberufen. Dies war von besonderer Bedeutung, da dies der erste internationale Konvent war, welcher kriminelle Handlungen, die Umweltschäden verursachen bzw. verursachen können, ansprach. Allerdings brachte Deutschland, ebenso wie Frankreich und Großbritannien, seinen Widerwillen gegen die Ratifizierung des Übereinkommens deutlich zum Ausdruck.

In Folge dessen haben sowohl Dänemark als auch die Kommission Initiativen präsentiert, die die Umwelt strafrechtlich schützen soll. Die Vorlage von zwei unabhängigen Vorschlägen führte zu einem Streit zwischen dem Rat auf der einen Seite und der Kommission und dem Europäischen Parlament auf der anderen Seite.

Im März 2001 hat die Kommission eine Richtlinie angenommen, welche einen Mindeststandard zur Bekämpfung der Umweltkriminalität festsetzte. Laut des Vorschlags der Kommission müssen alle Mitgliedstaaten gewährleisten, dass jede vorsätzlich oder grob fahrlässig begangene Handlung, welche die Gemeinschaftsregeln zum Schutz der Umwelt verletzt, als eine Straftat behandelt wird.

Im Januar 2003 hat der Europäische Rat einen Rahmenbeschluss über den Schutz der Umwelt durch das Strafrecht, der auf dem dänischen Vorschlag basierte, angenommen. Mit diesem Vorschlag wird versucht, auf polizeilicher, gesetzlicher und administrativer Ebene eine Kooperation zwischen den Mitgliedstaaten zu erwirken, um schwere ökologische Straftaten auf zwischenstaatlicher Basis (3. Säule der EU-Verträge) zu bekämpfen. Im Bereich der dritten Säule sind die Mitgliedstaaten - und nicht die EU - für die Einhaltung und Anwendung der vereinbarten Maßnahmen verantwortlich.[6]

6. Umweltverbrechen und die EU

Nach achtjährigen Verhandlungen hat (2008) das Europäische Parlament sich mit den Mitgliedstaaten auf eine Gesetzgebung geeinigt, die nationale Regierungen dazu zwingen würde, strafrechtliche Sanktionen gegen diejenigen zu verhängen, die vorsätzlich oder fahrlässig der Umwelt schaden.

Die Kommission ist seit acht Jahren bemüht, eine Gesetzgebung einzuführen, um die schwersten Umweltverbrechen bestrafen zu können. Meinungsverschiedenheiten zwischen der Kommission und den nationalen Regierungen über die Rechtsgrundlage des geplanten Gesetzes und darüber, ob Brüssel in Rechtsfragen eingreifen darf, haben das Gesetzgebungsverfahren jedoch behindert.

---

[6] http://www.euractiv.com/de/umwelt/umweltkriminalitat/article-103640?_print

Ein Urteil des Europäischen Gerichtshofs (EuGH) vom 23. Oktober 2007 hat diese Angelegenheit ein für alle Mal geklärt. Es unterstützte das Recht der Kommission, strafrechtliche Sanktionen für Umweltschäden zu verhängen. Jedoch entschied das Gericht, dass die Kommission nicht befugt ist, die Art oder die Höhe dieser Strafen zu bestimmen (EurActiv vom 24. Oktober 2007).

Im Januar 2008 setzte Frankreich einen rechtlichen Präzedenzfall: Der Strafgerichtshof in Paris verurteilte den weltweit viertgrößten Ölkonzern Total SA und drei weitere Parteien zu Strafen von bis zu 375 000 Euro für ihren Anteil am „ökologischen Schaden ", der durch das Sinken des Öltankers Erika im Jahre 1999 verursacht worden war. Dies ist der erste Fall, in dem ein Gericht eine strafrechtliche Verurteilung für Umweltschaden ausgesprochen hat (EurActiv vom 17. Januar 2008).

Dem Text zufolge würde die Liste strafbarer Handlungen folgendes beinhalten:

1) Unrechtmäßige Einleitung, Abgabe oder Einbringung von Substanzen in die Luft, den Boden oder das Wasser, wenn dadurch der „Tod oder eine schwere Körperverletzung von Personen " oder „erhebliche Schäden " hinsichtlich der Umwelt verursacht werden;

2) Die Beförderung von Abfällen;

3) Tötung, Zerstörung, Besitz und Entnahme von Exemplaren geschützter wildlebender Tier oder Pflanzenarten, außer wenn es sich um unwesentliche Mengen handelt, die geringen oder keinen Einfluss auf die Erhaltung der Arten haben;

4) Jegliches Verhalten, dass eine erhebliche Schädigung eines Lebensraums innerhalb eines geschützten Gebiets verursacht;

5) Produktion, Ein und Ausfuhr, Inverkehrbringen oder Verwendung von Stoffen, die zum Abbau der Ozonschicht beitragen.

Aufruf zu, Anstiftung von oder Beihilfe zu solchem Verhalten wird gleichermaßen als Straftat bewertet werden. Die Richtlinie wird jedoch nur für die Gesetzgebung der EU gelten, nicht für die nationale Gesetzgebung.

Die Kommission hatte ursprünglich gehofft, Sanktionen zwischen einem und zehn Jahren Gefängnis oder zwischen 300 000 Euro und 1 500 000 Euro zu verhängen – je nach Schweregrad des Vergehens.

Im endgültigen Kompromiss jedoch, der den Regelungen des Europäischen Gerichtshofs Rechnung tragen soll, bleibt die Entscheidung über das Strafmaß Sache der Mitgliedstaaten.

Die Richtlinie fordert nur, dass die Sanktionen „wirksam, angemessen und abschreckend " sein sollten.[7]

7. Umweltschutzdelikte im österreichischen Strafgesetzbuch

- Vorsätzliche Beeinträchtigung der Umwelt (§ 180 StGB)
- Fahrlässige Beeinträchtigung der Umwelt (§ 181 StGB)
- Vorsätzliches umweltgefährdendes Behandeln und Verbringen von Abfällen (§ 181 b StGB)
- Fahrlässiges umweltgefährdendes Behandeln von Abfällen (§ 181 c StGB)
- Vorsätzliches umweltgefährdendes Betreiben von Anlagen (§ 181 d StGB)
- Andere Gefährdungen des Tier- und Pflanzenbestandes (§ 182 StGB)
- Fahrlässige Gefährdung des Tier- und Pflanzenbestandes (§ 183 StGB)[8]

---

[7] EurActiv.com EU News, Policy Positions & EU Actors online

[8] Strafgesetzbuch – StGB: StF: BGBl. Nr. 60/1974 (NR: GP XIII RV 30 u. 1000 AB 959 u. 1011 S. 84. u. 98. BR: S. 326.)

Literaturverzeichnis

Agenda 21, Konferenz der Vereinten Nationen für Umwelt und Entwicklung im Juni 1992 in Rio de Janeiro. Herausgeber: Bundesministerium für Umwelt, Naturschutz und Reaktorsicherheit, Postfach 12 06 29, 53048 Bonn, Köllen Druck+Verlag GmbH, Postfach18 65, 53008 Bonn

EurActiv.com EU News, Policy Positions & EU Actors online

greenpeace magazin 4.09: http://www.greenpeace-magazin.de/index.php?id=5787

http://www.euractiv.com/de/umwelt/umweltkriminalitat/article-103640?_print

http://www.unodc.org/documents/NGO/EIA_Ecocrime_report_0908_final_draft_low.pdf, Environmental crime, A threat to our future: Environmental Investigation Agency (EIA)

http://www.zeit.de/1988/17/krimninell 22.04.1988 - 08:00 Uhr, Quelle: DIE ZEIT, 22.4.1988 Nr. 17

Randelzhofer, Albrecht; Völkerrechtliche Verträge. Deutscher Taschenbuch Verlag, München, 2009.

Strafgesetzbuch – StGB: StF: BGBl. Nr. 60/1974 (NR: GP XIII RV 30 u. 1000 AB 959 u. 1011 S. 84. u. 98. BR: S. 326.